1 MONTH OF
FREE
READING

at

www.ForgottenBooks.com

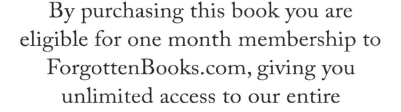

By purchasing this book you are eligible for one month membership to ForgottenBooks.com, giving you unlimited access to our entire collection of over 700,000 titles via our web site and mobile apps.

To claim your free month visit: www.forgottenbooks.com/free574071

ISBN 978-0-331-39775-8
PIBN 10574071

VICTOR LÉON, LEO STEIN, FRANZ LEHÁR

'e lustige Witwe

Operette in drei Akten

(teilweise nach einer fremden Grundidee)

von

VICTOR LÉON

und

LEO STEIN

Musik von

FRANZ LEHÁR

Klavierauszug mit Text (Klavierparticell)

 Musikverlag Doblinger

Wien   München

Printed in Austria

Die lustige Witwe.

Operette in drei Akten von

Franz Lehár.

Personen:

Baron Mirko Zeta, pontevedrinischer Gesandter in Paris.
Valencienne, seine Frau.
Graf Danilo Danilowitsch, Gesandtschaftssekretär,
    Kavallerieleutnant i. R.
Hanna Glawari.
Camille de Rosillon.
Vicomte Cascada.
Raoul de St. Brioche.
Bogdanowitsch, pontevedrinischer Konsul.
Sylviane, seine Frau.
Kromow, pontevedrinischer Gesandtschaftsrat.

Olga, seine Frau.
Pritschitsch, pontevedrinischer Oberst in Pension.
Praškowia, seine Frau
Njegus, Kanzlist bei der pontevedrinischen Gesandtschaft.
Lolo,
Dodo,
Jou-Jou, } Grisetten.
Frou-Frou,
Clo-Clo,
Margot,
Ein Diener.

Pariser und pontevedrinische Gesellschaft. Guslaren. Musikanten. Dienerschaft.
Spielt in Paris heutzutage und zwar: der erste Akt im Salon des pontevedrinischen Gesandtschaftspalais; der
zweite und dritte Akt einen Tag später im Schlosse der Frau Hanna Glawari.

Inhalt:

I. Akt.

ERSTER AKT.
№ 1. Introduction.

55
Timp.
f Trombe.
f Cor.
ff Tromboni.
60
animato.
p Vla.
mf
Cascada.
Fl. u. Cl. mit Singst. Ver -
Allegretto.
Cas.
ehr - te - ste Da - men und Her - ren, ich halt es für Ga - stes - pflicht, den
65
p Viol.
Haus - herrn dan - kend zu fei - ern, doch Red - ner das bin ich nicht! Ich sag' da -
Ob.
fz Fag.
Cor.
70
mf
rum in al - ler Kür - ze, die be - kannt - lich im - mer die Wür - ze: Der Ba -
rit.
p
75

6

sand - ten stolz ge - macht! Des Fe - stes hö - he - re Be -

stim - mung ist nicht nur A - mus'-ment al - lein; Sie gilt dem Ge - burts - tag des

Für - sten, dem pa - tri - o - tisch wir uns weihn! Bin

Lan - des - va - ter per pro - cu - ra, drum rührt mich pa - tri - o - tisch

dies, denn ich bin al - so in fi - gu - ra Pon - te - ve - dro in Pa -

D. 3366

8

D.8366

D. 8366

10

St. Brioche: Einen ruinierten Pariser? Wie nett!
Zeta: Es ist ihr aber hübsch gewachsen, das Schnäbelchen!

N⁰ 1½ Ballmusik.

Walzer. (Musik hinter der Bühne *ad lib.*)

Kromow: Nicht kokettieren! (ab mit Olga)
Zeta: Es ist süss, fürs Vaterland zu erben! (ab.)

N⁰ 2. Duett.
(Valencienne. Camille.)
(Ich bin eine anständ'ge Frau.)

Allegro moderato.

Valencienne.

So kom - men Sie! 's ist nie - mand

Val. hier!

Camille.

Ich ha - be mit Ih - nen zu spre - chen!

Sie sehn den glück - lichsten Mann in mir! Ich möch - te

D. 3366

12

14

Val. Freund, gib acht! Und spie - le mit dem Feu - er nicht! Eh Du's ge-dacht, wird's

Cam. hab's gedacht, ich hab's gedacht! Sie pred'-gen nur von Pflicht! Das

Val. rasch ent-facht, aus Fun-ken ei - ne Flam - me bricht! Sehr ge - fähr lich ist des Feu - ers

Cam. Lie-bes-glück mir nim-mer lacht, denn Lie - be ist das nicht!

Val. Macht, wenn man sie nicht be - zähmt, be - wacht! Wer das nicht

Cam. Wenn die Lie - be spricht: gib acht, gib acht! So ist dies nicht

Val. kennt, sich leicht ver - brennt! Nimm vor dem Feu - er Dich in acht!

Cam. der Lie - be Macht! Denn wah - re Lie-be wagt und nimmt sich nie in acht!

Nº 3. Entrée-Lied der Hanna und Ensemble.

✛ Njegus: Um sich zu entschwipsen.
✛✛ Zeta: Melden Sie ihm sofort! das Vaterland ruft ihn!

D. 3366

18

D.3366

20

in un-serm Gel — de liegt un-ser Wert __ so hab' ich's im-mer ge-hört! __

Allegro.
St. Brioche.
Bit — te nur wei — ter, wei — ter im Text!

Cascada.
Bit — te nur wei — ter, wei — ter im Text!

Bit — te nur wei — ter, nur wei — ter im Text! Welch and — re Wahr-heit folgt zu —

Hanna.
Bei mir da-heim ist's nicht der Brauch, dass Da-men man ho — fiert, mit Com-pli-men-ten

St. B.
Die — se Wei — se

Cas.
Die — se Wei — se

nächst? Die — se Wei — se

Mazurka.

D. 3366

22

D. 3366

N.º 3ª. Ballmusik.

⊕ Hanna: Der Graf und ich.
⊕⊕ Camille: Darf ich Sie in die andern Salons führen?

Walzer. (Musik hinter der Bühne, ad lib.)

N.º 4. Auftrittslied.
(Danilo.)

⊕ Hanna: Aber...So viele Arme.
⊕⊕ Valencienne: Unterstehn Sie sich! (ab mit Camille.)

Graf Danilo, harte slavische Aussprache tritt auf von Njegus begleitet.

Graf Danilo: Also bitte _ _ _   ich bin hier _ _ _   Wo ist das Vaterland?

Njegus: Ich melde Sie sogleich Sr Excellenz.   Graf Danilo. Allegretto moderato.

O Va-ter-land du machst bei

26

Ac - ten häu-fen sich bei mir, ich fin-de, s'gibt zu viel Pa - pier; ich tauch die

Fe - der sel - ten ein und komm doch in die Tint' hin - ein! Kein Wun-der,wenn man so viel

thut, dass man am A - bend ger - ne ruht, und sich bei Nacht,was man so

nennt, Er - ho-lung nach der Ar - beit gönnt! Da geh' ich zu Ma - xim, dort

bin ich sehr in - tim, ich du-ze al - le Da - men,ruf' sie beim Ko-se-

D. 8866

1. (Hanna und Danilo ab)
2. Valencienne: Ich bitte Sie lieber Freund, lassen Sie es, es hat ja keinen Zweck—Ich bin ja verheirathet.
Camille: Ach wären Sie es doch mit mir.

Nº 5. Duett.
Zauber der Häuslichkeit.
Valencienne, Camille.

30

D. 3366

D. 3366

32

№ 6. Finale I.

(Hanna, Valencienne, Danilo, Camille, St. Brioche, Cascada, Chor.)

☦ Zeta: Am liebsten Sie, lieber Graf!
☦☦ Zeta: Aber warum denn?

(Bühnenmusik.)

(Man hört hinter der

Danilo: Weil.... weil.... no weil mein prinzipieller Grundsatz ist: „Verliebe Dich oft, verlobe Dich selten, aber hei_
(Musik hinter der Bühne. ad lib.)

Szene: „Damenwahl! Damenwahl!")

raten thu nie!" Baron Zeta: Es ist Damenwahl! Und da kommt gerade die Witwe! Danilo: Ich fange an, bei Seite zu schaf_
fen! Baron Zeta: Das Vaterland wird es Ihnen lohnen! (ab)

Marcia.
Herren-Chor.

Da-men-wahl! Hört man ru-fen rings im Saal! Ach Ma-dam', nun hof-fent-lich kommt

Hanna: (tritt aus dem rückwärtigen Saale, gefolgt von Cascada, St. Brioche und 12 Herren.)
Marcia.

doch die Rei-he jetzt an mich? O bit-te, die-se Tour, ach, die-se einz'-ge nur!

D. 3366

33

D. 3366

34

D. 3966

36

D.3366

42

43

D. 3866

45

D. 3366

49

D. 8366

Nun ja?

Valencienne.
Was treibt er da?

Camille.
Was treibt er da?

...t wahr?   Der Tanz, den mir die Gnä-di-ge ge-währt, ist

St. Brioche.
Was treibt er da?

Cacsada.
Was treibt er da?

...los 4 Herrn   Was treibt er da?

345

p Clar.

n - tau - send Francs wol wert!   Mir ge - hört der Tanz,

p Fl.   *cresc.*

rit.

ng' da - für zehn-tau-send Francs   zu wohl - tät' - gem Zweck!

350   *rit.*   *mf*   *a tempo*

52

D. 3866

53

D. 3366

54

(Er steht hinter ihr, versucht, ihr in's Gesicht zu sehen, sie wendet den Kopf kokett immer weg.)

Valse moderato.

D. 8366

ZWEITER AKT.
N.º 7. Introduktion, Tanz und Vilja-Lied.
(Lied vom Waldmägdelein.)
(Hanna, Chor.)

D. 3366

56

Hanna.

Allegretto moderato.

Ich bit-te, hier jetzt zu ver - wei - len, wo all-so-gleich nach hei-mat-li-chem Brauch das

Fest des Für - sten so be - gan-gen wird, als ob man in Le - tin-je wär' da - heim.

Vivace. *(Ballet.)*
(Tamburizza-Capelle ad lib.)

D. 3366

D. 3366

60

Im Volksliedton vorgetragen.

lebt' ei - ne Vil - ja, ein Wald - mäg - de - lein, ein Jä - ger er -
Wald - mägd - lein streck - te die Hand nach ihm aus und zog ihn hin -

langsamer **135**

Fl.
Cello.   Cor.

schaut' sie im Fel - sen - ge - stein! Dem Bur - schen, dem wur - de so
ein in ihr fel - si - ges Haus; Dem Bur - schen die Sin - ne ver -

141

p Ob.
(*mf*)   Fag.

ei - gen zu Sinn, er schau - te und schaut auf das Wald - mägdlein hin.
gan - gen fast sind, so liebt und so küsst gar kein ir - di - sches Kind.

145

pp Cor. *rit.*

Und ein nie ge - kann - ter Schau - er fasst den jun - gen Jä - gers - mann, sehn - suchts -
Als sie sich dann satt ge - küsst ver - schwand sie zu der - sel - ben Frist! Ein - mal

150

Fl.   Fl.
pp Ob.
a tempo   Ob.   *rit.*
                                                  mf Viol. Solo

sehr einfach vorgetragen.

voll fing er still zu seuf - zen an! Vil - ja, o Vil - ja, du Wald - mäg - de -
155 noch hat der Ar - me sie ge - grüsst:

p Viol.   **160**

60

Im Volksliedton vorgetragen.

lebt' ei - ne Vil - ja, ein Wald - mäg - de - lein, ein Jä - ger er -
Wald - mägd-lein streck - te die Hand nach ihm aus und zog ihn hin -

schaut' sie im Fel - sen-ge-stein! Dem Bur - schen,dem wur - de so
ein in ihr fel - si-ges Haus; Dem Bur - schen die Sin - ne ver -

ei - gen zu Sinn, er schau - te und schaut auf das Wald - mägdlein hin.
gan - gen fast sind, so liebt und so küsst gar kein ir - di-sches Kind.

Und ein nie ge-kann - ter Schau - er fasst den jun-gen Jä - gers-mann, sehn - suchts -
Als sie sich dann satt ge - küsst ver-schwand sie zu der-sel - ben Frist! Ein - mal

sehr einfach vorgetragen.

voll fing er still zu seuf - zen an! Vil - ja, o Vil - ja, du Wald - mäg-de -
noch hat der Ar - me sie ge - grüsst:

D. 3366

62

D. 3366

64

⊕ Danilo: Ich plänkle.
⊕ ⊕ Hanna: O Sie dummer Reitersmann.

№ 8. Duett.
(Lied vom dummen Reiter.)
(Hanna, Danilo.)

Allegretto.

Hanna.

Hei - a, Mä - del,

auf - ge - schaut, guck die schmuk-ken Rei - ter. Nimmt dich ei - ner wohl zur Braut

o - der sprengt er wei - ter? Hei - a, Mä - del, lass' ihn nicht, kann als Mann dir

tau - gen! Guck ihm keck nur ins Ge - sicht, blitz' mit dei - nen Au - gen!

Danilo.

Mä - del schaut und Mä - del guckt, dass es ihm im Her - zen zuckt.

D. 8366

D. 3366

66

D. 3366

68

Nº 9. Marsch-Septett.

(Danilo, Zeta, Cascada, St. Brioche, Kromow, Bogdanowitsch, Pritschitsch.)

Kromow: Ich mache den Lumpen eiskalt.
Zeta: Darüber brauche ich, Gott sei Dank, nicht nachzudenken.

72

D. 8866

D. 3366

80

* Bei eventueller Wiederholung die 2. Strophe (im Textbuch enthalten) zu singen.

D. 3366

No. 10 Spielszene und Tanzduett.
(Hanna, Danilo.)

Hanna. Ob ich den heiraten soll den ich möchte.
Danilo. Sie brauchen sich also nichts einzubilden.

Hanna: (auf ihn zustürzend) Sie sind... Danilo: Was? Hanna: Sie sind... Danilo: Was? (Hanna, wendet sich ärgerlich ab. Danilo kämpft mit sich, will sie ansprechen, wendet sich aber trotzig ab, geht gegen den Hintergrund und bleibt dort, ihr den Rücken zuwendend stehen. Musik beginnt. (Hanna erblickt den Fächer) Hanna (sprechend): Ein Damenfächer u. s. w.

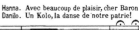

Vivace. *(Kolo.)*

II. **Allegretto moderato.**

Hanna: Sehen Sie, da würde ich zu meinem Manne sagen: Lieber Da..!Danilo (freudig) Da? Hanna (lacht) Dagobert! Deswe-

D.3366

I. mal: Danilo. Es kommt gleich
ein anderer, der
tanzt auch gut.

II. mal: Hanna: Was thut man
dort? Danilo: Man tanzt auch
nur bissel auf andere Weise.

Valse.
(tanzend)Mit geschlossenem Munde summen. *(ad libtum)*

Hanna.

Danilo.

Valse.

Viol.Solo
pp Hfe.

(Beide tanzend ab.)

Allegro.

Fl.

*f*Tutti *f*

* Bei eventueller Repetition Seite 83 Tact 21 anfangen und mit
folgender Prosa einleiten: Hanna: (zum Publicum gewendet.) Tanzen
thut er mit mir, aber erklärt hat er sich noch immer nicht.

* Bei eventueller nochmaliger Wiederholung Seite 84 Tact 9 be-
ginnen und mit folgender Prosa einleiten: Hanna: „Was thun wir
jetzt?" Danilo: „Wieder tanzen!"

Nº 11. Duett und Romanze.
(Valencienne, Camille.)

Camille: So geben Sie mir doch wenigstens ein Andenken.
Camille: Jetzt hab ichs schriftlich. Valencienne!

86

D. 3366

D. 3366

88

D. 3366

D. 3368

D. 3366

N⁰ 12. Finale II.

(Hanna,Valencienne,Sylviane,Olga,Praskowia, Danilo,Camille,Zeta,Bogdanowitsch,Kromow, Pritschitsch, Njegus, Chor.)

✛ Zeta: Ich bin der dumme Kromow!

✛✛ Zeta: Aufgemacht, aufgemacht! Danilo: Arme Frau Gräfin lässt sich erwischen. Zeta: Aufgemacht, aufgemacht.

94

96

D. 3366

98

D.3366

D. 3366

D. 3366

104

D. 8866

105

D. 3329

106

108

D. 3866

110

D. 3366

112

nicht so wut - ent - brannt, a - ber nicht so wut - ent - brannt! Ru - hig, ru - hig mit Ver -

Allegro moderato.

stand! Zu der Ver - mäh - lung, schö - ne Frau, ge - stat - ten Sie ei - ne Er -

Hanna (frozzeind.)

Ge - wiss. das ist ja in - tressant, seh'n Sie mich an, ich bin sch

zäh - lung?

Tempo di Valse lento.

Danilo. rit. *) (mühsam seine Erregung unterdrückend, setzt sich und beginnt ga
hig, kommt aber immer mehr in Erregung und Zorn.)

sehr gespannt! Al - so bit - te! Al - so bit - te: Es wa - ren zwei Kö - nigs - kin - - der,

glau - be, sie hat - ten sich lieb'.__ Die konn - ten zu - sam - men nicht kom -

*) Diese Szene muss abwechselnd gesungen und gesprochen werden, oft ganz ohne Rhytmus, mit höchster Leidenschaftlichkeit vorgetragen.
D.3366.

an. men, wie einst dies ein Dich - ter be - schrieb! Der Prinz, der blieb a - ber ver -

305 · 310 · mf

Dan. schlossen, er hat - te da - für sei - nen Grund. Das hat die Prin - zes - sin ver -

p · 315 · pp

animato.

Dan. dros - sen, wa - rum er nicht auf-tat den Mund. Da hat nun die

320 · rit. · pp 325 · Fl. · Vla.

Dan. Da - me Prin - zes - sin ge - trie - ben ein grau - sa - mes Spiel, sie

330

(steht auf sehr erregt)

Dan. gab ih - re Hand ei - nem An-dern, und das war dem Prin - zen zu viel! Du

mf · 335 · p · pp · rit. · a tempo · mf · 340 · Clar.

114

Dan. gnä - dig - ste Da - me Prin - zes - sin, Du ta - test da - ran gar nicht recht,

pp Fl.Clar.
Trombe (ohne Sord.)

345

Dan. Du bist auch nicht bes - ser wie And'-re vom schwa - chen, ko - ket - ten Ge -

Ob. 350 *mf* *p* *rit.*

Cor.gest.

Valse.

(setzt sich, indem er sich gewaltsam zur Ruhe zwingt) (lachend)

Dan. schlecht! Doch glaubst Du, dass ich mich drob krän - ke? Ha - ha! Da

355 360

a tempo Str. Harfe *pp*

(springt wieder auf immer erregter)

Dan. täu - schest Du Dich! Im Trau - me ich nicht da - ran den - ke___ das

p 365

Dan. sag - te der Prinz und nicht ich! Und wei - ter da sag - te der Prinz noch:

370 *mf* 375

D. 8866

115

D. 3366

116

D. 3366

D. 3366

118

D. 3366

N.º 12ª Entre'act.

Vilja-Lied.

122

DRITTER AKT.
№ 12ᵇ Zwischenspiel.

Beim Aufziehen des Vorhanges setzt die Musik hinter der Scene ein.
(Bühnenmusik ad lib.)
Allegretto.

Sobald das Orchester mit dem Cake Walk einsetzt, unterbricht die Bühnencapelle ihr
Spiel und spielt den Cake Walk mit.

№ 13. Tanz=Szene.

⊕ Njegur: Eine Weltdame halbiert sich oft über Nacht!
⊕⊕ Zeta: Also los!
Tempo di marcia. (Cake Walk.)   (Die Bühnenmusik spielt mit.)

D. 3366

✣ Die nächste Nummer schliesst sich sofort an.

D. 3366

124

№ 14. Chanson.
Grisetten-Lied.

(Valencienne, Lolo, Dodo, Jou-Jou, Frou-Frou, Clo-Clo, Margot, Danilo, Zeta, Bogdanowitsch, Pritschitsch, Kromow, Chor.)

125

126

D. 3366

128

D. 3366

130

Galopp (als Cancau getanzt.)

(Alles jubelt, jauchzt und tanzt)
(mehr gejohlt, als gesungen)

Valencienne.

Ri - tan tou - ri - tan - ti rette, _____ Eh voi-

Lolo.

Ri - tan tou - ri - tan - ti rette, _____ Eh voi-

Dodo.

Ri - tan tou - ri - tan - ti rette, _____ Eh voi-

Jou-Jou.

Ri - tan tou - ri - tan - ti rette, _____ Eh voi-

Frou-Frou.

Ri - tan tou - ri - tan - ti rette, _____ Eh voi-

Clo-Clo.

Ri - tan tou - ri - tan - ti rette, _____ Eh voi-

Margot.

Ri - tan tou - ri - tan - ti rette, _____ Eh voi-

Danilo.

Ri - tan tou - ri - tan - ti rette, _____ Eh voi-

Zeta.

Ri - tan tou - ri - tan - ti rette, _____ Eh voi-

Bogdanowitsch.

Ri - tan tou - ri - tan - ti rette, _____ Eh voi-

Pritschitsch.

Ri - tan tou - ri - tan - ti rette, _____ Eh voi-

Kromow.

Ri - tan tou - ri - tan - ti rette, _____ Eh voi-

(mehr gejohlt, als gesungen)

ad lib.

CHOR.

Ri - tan tou - ri - tan - ti rette, _____ Eh voi-

Ri - tan tou - ri - tan - ti rette, _____ Eh voi-

155

Galopp (als Cancan getanzt.)

Trombe
Tromb. pizz.
Tutti.
160

D. 3366

132

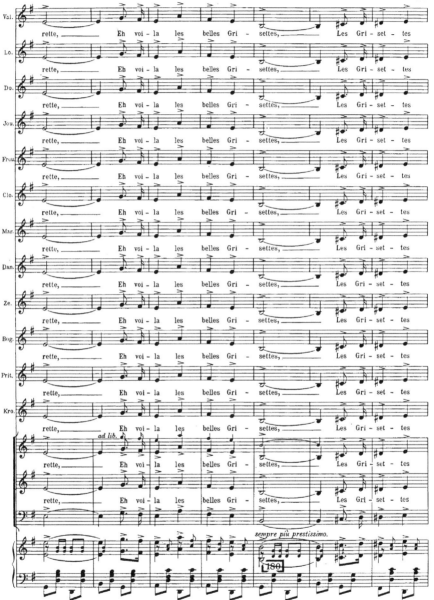

184

Nº 14ª Reminiszenz.

1. Njegus: Das Vaterland ist stier.   (Lolo, Dodo, Jou-Jou, Clo-Clo, Frou-Frou, Margot, Danilo.)

2. Njegus: Schicken Sie mir 30 Flaschen ins Haus.

D.3866

No. 15. Duett.

Lippen schweigen.
(Hanna, Danilo.)

Hanna: So machen Sie doch den Mund auf.
Danilo: So bin ich ganz wo anders zu Hause. (Musik beginnt)

Valse moderato.
Viol

Danilo: Aber dort bin ich zu Hause. Hanna: (auf ihn zugehend) O Sie sind.....

138

Han.

Dan.

Han.

Dan.

Nº 16. Schlussgesang.

(Hanna,Valencienne,Lolo,Dodo,Jou-Jou,Frou-Frou,Clo-Clo,Margot,Danilo,Zeta,Kromow,Bogdanowitsch,Pritschitsch,Chor.)

⊕ Danilo: Ich hätte Dich auch mit 40 Millionen genommen.
⊕⊕ Zeta: Verzeih, das hab' ich nicht gewusst.

D. 3366

140

CPSIA information can be obtained
at www.ICGtesting.com
Printed in the USA
BVHW04*1616300318
512078BV00006B/38/P